Y 5492
R 20.

Ye
10077

LE
VIEUX
DE
LAMONTAGNE.

A GENÈVE;

& se trouve

à Paris, chez Quillau, au Cabinet
Littéraire, rue Christine.

M. D. C. C. LXXII.

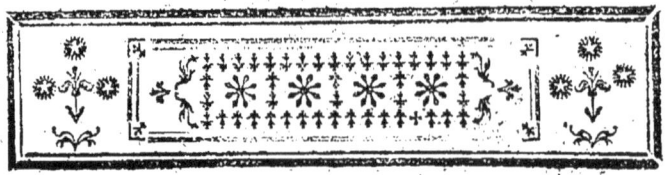

LE VIEUX DE LA MONTAGNE.

Du haut du thrône où je m'affieds,
j'aime à voir ramper fous mes pieds
ces Nains de la Littérature,
qui fcandalifent la Nature
par leurs Ecrits eftropiés,
dont feuls ils font eftafiés.
Pour leur fournir un bon modèle,
je lutte depuis foixante ans :
& mes efforts font impuiffans,
malgré la chaleur de mon zèle :
les uns ont trop peu de talens ;
les autres font de plats pédans
dont on voit fumer la cervelle,
ou de glorieux ignorans
toujours prêts à chercher querelle
fur les plus petits incidens ;
& l'audacieufe fequelle
des cagots & des importans

aux contrariétés fidèle,
ofe porter l'humeur rebelle
jufqu'au point d'appeller tyrans
les infaillibles Partifans
de la Secte docte & nouvelle
où fe forment les vrais croyans ;
ces abus révoltent mes fens.

Avant de paffer l'Onde noire,
je veux avec mon écritoire
terraffer ce tas de brigands :
un Héros, même en cheveux blancs,
afpire à finir fon hiftoire
à la tête des combattans ;
& c'eft le comble de fa gloire.
Si, fur le déclin de mes ans,
j'obtiens encor cette victoire,
je ferai parfumé d'encens,
&, dans le temple de mémoire,
j'aurai les honneurs éclatans
des plus illuftres Conquérans.
La tolérance eft néceffaire
fur certaines matières, bon ;
mais en Littérature, non :
l'on n'y peut être trop févère ;
tel eft le code d'Apollon

dont je suis premier secrétaire,
ménin, filleul & nourriçon.
Or, une troupe famélique,
par une indiscrète critique,
n'a que trop souvent abusé
de l'humeur douce & pacifique
dont le Ciel m'a favorisé ;
& si j'étois moins élastique,
déja je serois écrasé,
sans aucun prétexte sensé.
 Ni moi, ni ma douce Pucelle
n'avons jamais fait de libelle ;
il en paroît cent contre moi :
l'on ose suspecter ma foi ;
& c'est une tache cruelle
qu'on ne doit pas laisser sur soi.
Simple comme une tourterelle,
je suis bon serviteur du Roi ;
l'amitié me trouve fidèle ;
l'agriculture est mon emploi :
j'ai mon chateau, j'ai ma Chapelle ;
ma Paroisse est propre, elle est belle ;
je fais exécuter la Loi :
l'Etranger dans son sein m'appelle,
& l'ingrat François me harcèle,

sans que je devine pourquoi.
Assis au sommet du Parnasse,
j'ai des jaloux, & point d'égaux :
je cherche à vivre comme Horace
dans le plaisir & le repos,
sans vouloir imiter l'audace
de Régnier & de Despréaux ;
& je vois cinquante grimauds
dont l'essein piquant me tracasse :
est-ce donc pour ravir ma place
qu'ils se déclarent mes bourreaux ?
si j'ai quelques petits défauts,
ma capacité les remplace ;
j'ai mérité par mes travaux
qu'on les cache ou qu'on me les passe,
puisque tous les jours on fait grace
à tant d'ignorans & de sots,
qui n'ont jamais écrit deux mots.
En fait de goût, en fait de style,
si je me montre difficile,
doit-on me taxer d'avoir tort ?
c'est user des droits du plus fort :
ma rigueur est académique,
& s'accorde avec un physique
qui durera jusqu'à ma mort ;

Chercher le mieux, voilà mon fort.
le grand âge rend colérique ;
la bile en moi fermente encor ;
& quand je lui donne l'essor,
c'est par l'effet d'un émétique
qui purge sans un grand effort
mon sang nullement apatique,
& qui lui donne du ressor
au point de me rendre un Nestor.
Dessus un lit ou sur ma chaise
je prends une espèce de thé
que les Muses dessus leur braise
avec plaisir m'ont apprêté :
j'en bois certaine quantité,
j'écris, je vomis à mon aise,
& j'évacue en liberté.
Une brochure, une fadaise
me vaut un bain de propreté ;
&, par une heureuse antithèse,
ma tête reprend sa gaîté,
quand, pour le bien de ma santé,
j'ai pu rendre, ne vous déplaise,
quelqu'amas de causticité.
Si quelqu'un y trouve à redire,
c'est un imbécille, un oison ;

& je le bannis de l'empire
de l'efprit & de la raifon.

Pourquoi me feroit-on un crime
de foigner mon tempérament ?
rien ne paroît plus légitime ;
&, puifque ma vie en dépend,
je fuivrai le même régime,
malgré le vain bourdonnement,
les clameurs, le nombre & l'efcrime
des fpadaffins d'un Régiment
dont je craindrois plutôt l'eftime
que l'orgueilleux déchaînement.
Pourquoi me ferois-je un fcrupule
de bafouer le ridicule ?
l'indulgence le fait germer ;
or c'eft un fade véhicule
qu'on eft en droit de réprimer,
dès qu'on fçait écrire & rimer.
Je n'ai jamais fait de fatyre ;
fi, par forme de paffe-temps,
je me fuis permis de médire,
c'étoit en me curant les dents,
quand j'étois en humeur de rire ;
le même efprit encor m'infpire ;
& fi je n'ai plus de longs crocs,

il me reste encor des chichots
& quelque gencive assez dure
pour qu'on en craigne la morsure.
Au reste on me doit quelqu'égard :
selon les loix de la nature,
peu de gens plaisantent si tard
& d'une façon si légère :
au lieu d'accabler un vieillard,
il falloit sourire à mon art,
ne rien dire, & me laisser faire.
Pourquoi montrer de la colère,
sitôt que je lâche un brocard
contre un vil troupeau qui m'ulcère :
ce sont des fleurs de mon parterre,
dont je daigne leur faire part.
Loin de me taxer d'impudence,
ils devroient plutôt, les ingrats,
en me faisant la révérence,
me marquer leur reconnoissance,
me défendre & baiser mes pas,
quand j'annonce leur existance
que, sans moi, l'on ne sçauroit pas
dans le moindre coin de la France.

 Tout ce monde est trop dégoûté,
s'il ne prise pas mes injures :

en apparence elles font dures,
mais bonnes en réalité.
Je fçais bien que la vérité
rifque d'exciter des murmures ;
mais j'y mets tant de charité,
tant de fel & d'aménité,
tant d'efprit & de gentilleffe,
pour plaire à la Société,
en un mot, tant de politeffe,
que l'Etat, toujours attentif
au bon goût qui nous intéreffe,
doit payer ma délicateffe
par un privilège exclufif.
Si quelqu'imprudent me critique,
la raifon fût-elle pour lui,
moi, mes adjudans & leur clique,
toujours jaloux du ton poli,
nous lui reprochons en réplique,
qu'il eft un fat, un étourdi,
qu'il mérite d'être rôti,
& qu'il doit avec fes confrères
aller figurer aux galères,
ou décorer le pilori.
  C'eft dans mon zèle pour les Mufes
que je dois puifer mes excufes :

mon sarcasme est une leçon
de critique saine & polie ;
& c'est pour l'honneur d'Apollon
& de sa docte Académie
que j'imprime & que je publie
qu'un tel est un gueux, un fripon
né dans la fange, dans la lie,
& qu'il mérite le bâton.
J'insinue aussi sans façon
que l'un est un bœuf, l'autre un âne,
qu'à Bicêtre il doit être mis,
& qu'une cohorte profane
n'ira jamais en Paradis,
pour avoir frondé nos avis.

L'on peut d'une manière fine
écrire encor à tout hazard,
quand on est en humeur badine,
qu'un autre Auteur n'est qu'un bavard,
dont le grand-père étoit bâtard,
qu'il eut pour mère une coquine,
que sa sœur a fait un poupard
avec un garçon de cuisine
qui voloit du vin ou du lard,
pour l'affranchir de la famine,
& qu'il avoit une cousine
logée auprès du boulevard,

dont la nature libertine
s'avanturoit pour un patard :
ainſi, quand j'emploie une épine,
je ſçais l'enfoncer avec art ;
& l'on voit que l'eſprit domine
dans la fabrique de mon dard.

Nous diſons auſſi ſans myſtère,
pour rappeller le goût perdu,
qu'un autre Auteur avoit deux frères,
dont le premier étoit cornu,
& dont le ſecond détenu
pour les plus infames affaires,
avoit riſqué d'être pendu.
De mes careſſes littéraires
tel eſt en gros le réſidu ;
les belles-lettres me ſont chères ;
& je paye à chacun ſon dû.

Vous voyez que ces bagatelles
n'ont en ſoi rien d'injurieux,
& que, pour les ſuppoſer telles,
il faut être bien châtouilleux
& grand amateur des querelles.
Solide ami du genre humain,
j'ai cherché ſans ceſſe à l'inſtruire ;
& ſi, ſans aimer la ſatyre,
j'ai pu diffàmer mon prochain,

j'apprêtois si bien le venin,
que l'objet même en devoit rire.
D'ailleurs, j'écrafois des marmots;
& fur le Parnaffe un Héros
doit obtenir le privilège
d'être exempt des mauvais propos
dont un vain pédant de Collège
a l'orgueil d'abreuver les fots
qui font fon unique cortège.
Quand je fuis frapé d'un fujet,
je l'approfondis, je l'épuife :
Depuis quinze ans, ce que j'ai fait
n'a-t-il pas toujours pour objet
les Auteurs, les Juifs & Moyfe,
à qui je donne le paquet ?
mais c'eft l'effet de ma franchife.

Soit dans ma profe ou dans mes vers,
j'ai pu commettre des méprifes
comme en a fait tout l'Univers;
mais des contrefacteurs pervers
m'ont fouvent prêté leurs fotifes,
leur pétulance & leurs travers.

Comme je fuis la bonté même,
pour maintenir la paix que j'aime,
fans affecter aucun mépris,
je voulois que dans mes écrits

l'on sentît ma douceur extrême ;
mais, sans croire ce que je dis,
l'on paraphrase mon système ;
& c'est toujours de pis en pis.
De plats boufons, des automates,
faits pour le métier de pirates,
ont fait des efforts inouis
pour s'élever sur mes débris.
Quand la raillerie est active,
assez volontiers j'y souscris ;
mais, pour peu qu'elle soit passive,
ou qu'elle soit alternative,
je la déteste & la maudis.
Plus je me suis montré paisible,
plus la cabale incorrigible
s'est acharnée à démontrer
que j'étois injuste, sensible,
& que bien-loin d'être infaillible,
on me voyoit sans cesse errer,
ou sur l'Histoire, ou sur la Bible ;
&, pour rendre le fait plausible,
l'on a sçu me dénaturer.
Avec une ardeur indiscrète
Prêtres, Moines, Petits-Collets
m'ont suscité mille procès,
& m'ont rendu l'ame inquiète ;

mais, à la fin, je me sens las
de la piquure de ces mouches,
dont les contredits faux & louches
fatiguent & n'instruisent pas.
Leur espérance sera fausse,
s'ils ont compté m'anéantir;
&, plutôt que de le souffrir,
je veux, sur le bord de ma fosse,
immoler, avant de mourir,
ceux qui prétendent m'avilir.

J'ai mes Disciples, mes Apôtres;
& s'il faut, pour donner la loi,
montrer plus d'esprit que les autres,
l'on peut s'en rapporter à moi.
En vain une troupe indiscrète
voudroit flétrir les vrais talens :
je lui fais gayment la chouette;
& mes traits sont aussi piquans
que si je n'avois que trente ans.
L'on croit même que mon génie,
en déposant dessus sa lie,
prend plus de sève & plus d'élans.

Si, doué d'un talent unique,
dans mes Opuscules divers,
j'ai bafoué tout l'Univers,
c'est un droit que je revendique,

& dont sans façon je me sers ;
mais ma Muse est une relique
exempte du moindre travers ;
&, soit en prose, soit en vers,
tout profane qui la critique,
annonce l'ame d'un pervers.

La fermeté fait mon partage :
mes ennemis sont sans pudeur ;
& je leur ai fait trop d'honneur,
en les citant dans quelqu'ouvrage
fait pour survivre à son Auteur.

Horace, Auteur ingénieux,
disoit qu'un cheval un peu vieux
devoit être ôté du carrosse,
quoiqu'il fût encor vigoureux
avant d'être tout-à-fait rosse.
L'axiome est bon pour des sots ;
mais moi, dévoré jusqu'aux os
du feu dont brille le Parnasse,
je prétends n'expirer qu'en place,
& turlupiner Atropos
à qui je ferai la grimace ;
mais, avant ce moment fâcheux,
pulvérisons des Erostrates
dont les complots audacieux
se soulèvent contre les Dieux ;

étouffons les ames ingrates
de ces Titans ambitieux
fous le poids des monts fourcilleux.
C'eſt vainement qu'on temporiſe
pour calmer de brûlans cerveaux
que trop d'indulgence autoriſe ;
l'on doit appliquer à propos
les grands remèdes aux grands maux.
Que mon courroux s'imortaliſe,
en forçant de foibles rivaux
à baiſer la main qui les briſe.
Si j'ai mérité quelques droits,
grand Apollon, dans ton Empire,
ſi j'ai fait adorer tes Loix
par les Peuples qui ſçavent lire,
ſi j'ai charmé juſques aux Rois,
ſecondes-moi, quittes ta lyre,
ſaiſis ton arc & ton carquois ;
mais ne t'en ſers que pour détruire
la race des mauvais François
que le faux goût & le délire
rendent rebelles à ma voix ;
ta colère doit les proſcrire.

Pour vous, mes fidèles ſuppots,
qu'une ſéduiſante magie
a fait ranger ſous mes drapeaux ;

vous dont je tiens l'ame asservie
par la fraîcheur de mes tableaux,
par les élans de mon génie
& le charme de mes pinceaux,
Pour servir ma juste vengeance,
employez des efforts nouveaux.
Soit en ville, soit en campagne,
gardez-moi la fidélité
qu'autrefois un Peuple effronté
vouoit au vieux De la Montagne,
qui lui dictoit sa volonté.
Mais les attaques meurtrières
ne sont pas ici nécessaires;
employez votre seul esprit,
votre courage & mon crédit
pour terrasser des adversaires
qui m'affligent par leur conflit.
Faites la guerre à leurs Ouvrages,
élevez jusqu'aux Cieux les miens
& n'épargnez aucuns moyens
pour conquérir tous les suffrages.
  Je dois sur l'esprit des Mortels
avoir la première hypothéque:
Clio me promet des Autels;
mes écrits seront immortels,

& font une bibliothéque,
dont le sçavoir vaste instruira
la jeunesse qui me lira,
dans le dessein formé d'apprendre
à devenir sublime ou tendre.
Je travaille à mon *errata* ;
& j'ai seul le droit d'entreprendre
un œuvre tel que celui-là :
ce sera mon *nec plus ultrà*.

   Chers amis, dont je suis l'idole,
vous qui me croyez sur parole,
montrez-vous bien disciplinés,
& ne souffrez pas qu'on immole
les virtuoses destinés
à la gloire de Lauréole.
Ranimez-vous, frappez, tonnez
sur les Généraux, sur l'Armée
des Dogues & des Forcenés
qui ternissent ma renommée.
dans leurs foyers attaquez-les,
mettez en pièces leurs cornets,
brisez leur pulpitre, leur table ;
faites de leurs honteux Extraits
l'usage le plus méprisable ;
empoisonnez leurs cabinets ;
& de leur plume punissable

quand vous aurez fait des ballets,
abbatez-leur la main coupable
qui contre moi lance des traits :
enfin détruisez pour jamais
une vermine qui m'accable
par son fiel & par ses forfaits.
Ajoutez-y le ridicule
qui pourra les rendre confus,
& chaponnez tout incrédule
qui feroit le moindre refus
de se soumettre à ma férule.
   Et vous, esprits aëriens
dont j'ai préconisé l'essence,
contre les Théologiens
prenez hautement ma défense.
Pour punir leurs incursions
dans les terreins que je défriche,
transformez-les tous en dindons,
les Littérateurs en oisons,
& changez F..... en affiche.
Sur le Pinde & sur l'Hélicon
sans appel j'ai donné le ton ;
il est donc juste que j'y règne,
& que jusqu'au trépas l'on craigne
de vouloir profaner mon nom.

F I N.

www.ingramcontent.com/pod-product-compliance
Lightning Source LLC
Chambersburg PA
CBHW060538050426
42451CB00011B/1772